Rêveries Solitaires

Lou Caramelle

Rêveries
Solitaires

© 2018, Lou Caramelle

*Édition : BoD – Books on Demand,
12/14 rond-point des Champs-Élysées, 75008 Paris
Impression : BoD - Books on Demand, Norderstedt, Allemagne*

ISBN : 978-2-3221-0342-3

Dépôt légal : février 2018

Mots

Les mots, ces doux étuis
Bien souvent sont emplis
De bien tendres saveurs
Qu'on goûte avec bonheur

    Chacun parfume en soi
    Chaque mot qu'il emploie
    Et il le donne pourtant
    Sans cesse en espérant
    Que rien ne soit enlevé
    De ce qu'il a donné

Hélas trop souvent
Chaque mot que l'on tend
Est reçu mutilé
Enfin non écouté !

    Mais un jour pourtant
    N'est- ce pas en rêvant ?
    Un jour d'espoir enfin
    On s'aperçoit soudain
    Que les mots que l'on tend
    Sont reçus pleinement !

La solitude s'éteint
Sur notre île, un à un,
Compagnons réunis
On est enfin compris

Une Île

Et des milliers d'étoiles
Sur cette eau frissonnante
Que des rochers dévoilent
Dans ces criques amantes

        Que cette sauvagerie
        Dans ces sites rocaille
        Donne la féérie
        D'un amour sans faille

Et le vent balayant
Ces voiles endormies
Et le ciel rayonnant
De ces milliers de vies

        Ces instants de bonheur
        Que nos yeux donnent au coeur
        Dans une île au printemps
        À cette aube du temps

Mes songes irisés

Le bateau dont je rêve
En ces jours de trêve
Est un voilier de verre
Aux couleurs de lumière

        Il m'emporte très loin
        De ces miasmes sans fin
        Je m'évade avec lui
        Dans toute l'infinie

Ses voiles si gonflées
De toutes mes libertés
Et sa coque remplie
De toutes mes envies

        Je suis bien dans ma fuite
        De cette vie sans suite
        Avec pour compagnons
        Mes rêves et mes passions

Je partirai un jour
Sur cet abri d'amour
Au mi-temps de ma vie
Il sera mon Ami

Vivre

La vie est une colline
Que des rides ravinent
Son sommet éclairé
Des souvenirs passés
Il nous faut le franchir
Et, pour cela, souffrir

        Se battre pour aimer
        Se battre pour donner
        Se battre pour exister
        Se battre pour s'aimer

Vivre c'est lutter
Pleurer et assumer
Mais c'est aussi chanter
Et parfois être aimée

        C'est se rendre si tendre
        Pour pouvoir tout entendre
        C'est pouvoir se donner
        Ne plus se protéger
        Pour enfin recevoir

C'est, chaque jour, apprendre
Qu'il ne faut rien attendre
Qu'une Vie est à soi
Et qu'on en fait le choix

        Vivre, vivre,
          À chaque fois revivre

C'est une joie immense
Un bonheur si intense
Que, pour mieux le goûter,
Pour mieux le savourer,
Il faut savoir Aimer
Et sans cesse Donner

Tendreté

Douce fragilité
Lorsqu'elle n'est qu'un été
Amère fragilité
Lorsqu'elle n'est plus qu'hiver

        Avoir rencontré
        Sa vulnérabilité
        Peut toujours sauver
        Une vie maltraitée
        Se connaître fragile
        Sans pourtant être vil
        Est une honnêteté
        De son être tout entier

Se sentir vulnérable
Est bien plus qu'honorable
Car on peut se sauver
Et malgré tout s'aimer
Il faut bien se connaître
Pour sans cesse renaître
Plus fort qu'on peut attendre
Sa vie et la comprendre

        Se faire une armure
        Est parfois un peu dur
        Et pourquoi se murer
        Lorsque l'on peut s'aimer ?

Être tendre sans cesse
Est- ce une faiblesse ?
Ce que la vie nous laisse
Il faut t'aimer Tendresse

Souvenirs

Ils ont tant de pouvoir
Quand on veut les revoir
Qu'il nous faut dépasser
Ces insipides pensées

        Souvenir ne veut pas dire
        Qu'il va nous faire souffrir
        Il peut être un grand rire
        Un amour sans avenir

Ceux qui nous font crier
Dans notre âme les classer
Ne garder que les doux
Quand on était trop fou

        Mais les plus merveilleux
        Ont très souvent en eux
        Ce parfum insolite
        Qui rend si nostalgique

Ils sont morts aujourd'hui
Car ils ont bien vécu
Ces souvenirs pluie
Que l'on ne vivra plus

        J'ai ce jour décidé
        De ne plus regarder
        À travers mon passé
        De ne plus le porter
        Il restera toujours
        À l'ombre de ma vie
        Car je désire l'amour
        Et je crois en ma vie

Souvenir vivant
D'une tristesse d'enfant
Souvenir rayonnant
D'un rêve d'adolescent

> Souvenir tristesse
> D'un moment de tendresse
> Souvenir d'un instant
> En tous points exaltant

Souvenir qui construit
Une vie enrichie
Souvenir de sourires
Du soleil des rires

> Souvenirs de demain
> Que l'on prépare en soi
> Souvenirs lendemain
> Très bientôt emplis-moi

De trop de souvenirs
On nie son avenir
On les a pour construire
Notre Moi devenir

> Souvenirs richesses
> De toutes ces promesses
> Souvenirs affectueux
> Qui vont nous rendre heureux

Atout Coeur

Les gens heureux
N'ont pas d'histoire
Mais ont-ils des déboires ?
Quand tout n'est pas au mieux ?

                Souffrir rend plus fort
                Être heureux affaiblit
                Qui l'a dit ?
                Peut-être a-t-il tort..

Le Bonheur
Atout Coeur
De tous les cadeaux
Sans conteste c'est le plus beau !

On marche dans ma tête

Ma tête est habitée
Par des visages aimés
Des êtres détestés
Tant et tant de pensées

        Elle torture sans cesse
        Quelle pénible ivresse
        Quand revient la détresse
        Quelle immense tristesse

On s'oblige à penser
À l'avenir gagné
Mais on ne le voit plus
Et l'on ne comprend plus

        Nos pensées maintenant
        Fonctionnent différemment
        Il me faut m'adapter
        Et ne plus trop penser

Mais comment arrêter ?
Comment apprivoiser ?
Ces bêtes de cafard
Qui trottent dans ce noir

        À jamais résister
        N'être plus submergée
        Vite, vite, se sauver
        Pour ne plus ressombrer

La Petite Carriole

Cette jolie carriole rouge
Derrière un cheval blanc
Contient mon coeur d'enfant
Qui, à jamais, ne bouge

        Elle m'emmène le soir
        Lorsque tout devient noir
        Vers tous ces souvenirs
        Qui ne veulent pas mourir

La clef est toute rouillée
Le ressort est cassé
Le cheval ne trotte plus
Même à petits pas menus

        Ce jouet est une richesse
        De ces années tendresse
        Celles d'une petite fille
        Qui pour toujours pétille

La Chatonne

Et je me pelotonne
Je me roule et m'enroule
Certains, à plumes, roucoulent
Et bien moi je ronronne

        J'ai quitté ma maman
        Un beau soir de printemps
        Dans des bras étrangers
        On m'a vite caressée

Et pour ne pas pleurer
Ma maman tant aimée
Je me suis allongée
Dans ce joli panier
Et de mon court passé
Me suis mise à rêver

Silence

À l'été de sa vie
On recherche l'oubli
Dans l'absence du bruit
De ce monde qui crie

        On retrouve la nature
        Dans un bruissement d'or pur
        Son silence intérieur
        Peut enfin se trouver
        Lorsque de l'extérieur
        On a bien tout fermé

Silence tu fais peur
Mais moi j'aime ton coeur
Quand tu es abrité
Dans un site tourmenté

        C'est ainsi que je t'aime
        Quand tu m'aides à rêver
        Tu me transportes même
        Sous des cieux étrangers

Silence aide-moi
À me fondre en toi
Car tu es mon salut
Tu es mon Absolu

Solitude

Solitude mon amie
Compagne de ma vie
Je voudrais bien savoir
Pourquoi tu es si dure le soir

        Quand les lumières s'éteignent
        Alors tu te déchaînes
        Tu agrandis les peines
        Et les blessures saignent

Les remords du passé
Reviennent torturer
Et les regrets aussi
Sont, la nuit, réunis

        Tu te dis mon Amie
        Parfois tu me souris
        Et tu me forces aussi
        À affronter la Vie

Tu fais souvent si peur
Que l'on te fuit des heures
Car, de ta compagnie,
On n'en a plus envie

        Pourtant si l'on savait
        Combien tu as d'attraits
        Et qu'avec tes richesses
        Tu apaises les tristesses

Combien l'on t'aimerait
Si seulement l'on pouvait
Avoir ta compagnie
À des moments choisis

        Solitude, mon Amie,
        Compagne de ma vie,
        J'aimerais te quitter
        Pour apprendre à Aimer

Apaisement

Revoilà le printemps
Je sais , il était temps !
Mais il n'est pas dehors
Il est juste en dedans
De mon coeur indolent

        C'est une fleur éclose
        D'un sourire d'enfant
        Du bonheur de parents
        Quand la guérison ose
        Rassurer l'avenir
        D'un être en devenir

C'est un arbre, endormi
Sous la neige,qui a dit
"Il faut toujours saisir
Notre moindre désir"

        C'est la lettre d'un ami
        Qui jamais ne t'oublie
        Tout au long de sa vie
        Même au creux de ta nuit

C'est le bonheur intense
De goûter le silence
Celui d'un apaisé
Dans sa sérénité

La Lumière retrouvée

C'était un long couloir
Où tout était trop noir
C'était un trou sans fond
Un puits bien trop profond

        On a coulé souvent
        Et pourtant, à présent,
        On sait qu'on remontera
        Qu'on n'ira pas plus bas

Surtout tenter de remonter
Retrouver la gaïeté
Découvrir les plaisirs
Que laisse l'avenir

        La vie est toujours là
        Mais on ne la voit pas
        Pourtant l'on se sent mieux
        Tout cela est bien vieux

Il faut réapprendre à marcher
Et vers les autres aller
Ne plus se retourner
Pour enfin avancer

        Le passé a vécu
        Il est dans notre mue
        Le futur nous attend
        Il est temps à présent

De reconstruire cet être
Qu'il va falloir connaître
Il ne croira plus trop
À l'amour sans défaut

        Il verra la vraie vie
        Avec ses compromis
        Trouve-t-on le bonheur
        Quand on a tué son coeur ?

Le Temps

C'est un étrange oiseau
Qui se sauve si haut
Que pour le savourer
Il faut l'apprivoiser

        Il se pose pourtant
        Et notre vie nous tend
        On peut le caresser
        Apprendre à le goûter

Mais parfois le bonheur
Dans la vie lui fait peur
Il s'envole trop tôt
Et n'écoute plus un mot

        Si l'on savait l'aimer
        Assez pour le garder
        On tisserait tendrement
        Avec tous les enfants
        Une cage de diamants
        Pour y blottir ce Temps

Petite Mamie

Entourés des ruisseaux
Et des fines rayures
Que la vie qui perdure
A dessinés trop tôt

                De beaux yeux pétillants
                Le visage émouvant
                D'une mère vieillissante
                Désormais en attente

Elle conjugue les temps
Au passé , au présent,
Il n'y a plus d'futur
Et ça c'est un peu dur !

                Elle ré-entend sa vie
                Elle dit et se redit
                Mais qui est à l'écoute
                De cette vie qui fuit ?

Pourtant quelles richesses
Ont ces beaux souvenirs
Ne pas penser Tristesse
Car la vie est en liesse
Quand il y a l'Avenir

Adolescence

On sort de l'Enfance
Avec peu de défenses
Mais la vie nous attend
Et l'on est impatient

        On emprunte un chemin
        On apprend les copains
        On découvre les chagrins
        Mais ce n'est pas en vain

On a son monde à soi
Que l'on partage parfois
Mais on se dit souvent
Que tout ce que l'on sent
Personne ne le ressent

        On voudrait tout savoir
        Ce qui est blanc ou noir
        On se crée ses idées
        Pour enfin exister

Qui sera-t-on demain ?
Et est-ce que ce quelqu'un
Pourra naître bientôt
Ou bien est-ce trop tôt ?

        On dit que la jeunesse
        Est une grande richesse
        Que l'on est insouciant
        Comme un adolescent

Si un jour tous savaient
Mais vraiment qui le sait ?
Que parfois la détresse
Étreint cette jeunesse

                      Quand enfin comme adulte
                      On pense à ces tumultes
                      On les a oubliés
                      Et on les a reniés

Ce que l'on a gardé
De ces années passées
C'est qu'on nous a aimé
Dans un tendre foyer

Noces d'or

Cinquante ans de 2 vies
En une vie réunies

      Cinquante années passées
      Et tous ces jours donnés
      À l'être qu'on a choisi
      Pour partager sa vie

Cinquante ans à tisser
Et chaque jour tresser
Cet écheveau doré
Que rien ne peut briser

      C'est une belle dentelle
      Brodée de fils d'amour
      Que l'on donne chaque jour
      Et de fils de tristesse
      Que calme la tendresse

On tisse tant de liens
Quand on tient une main
Et qu'on traverse à 2
Ces chemins cahoteux

      Au bout de 50 ans
      On l'aime tant et tant
      Qu'encore 50 ans
      Avoir toujours ce temps

On referait sans peur
Ce chemin de bonheur
Pour emprunter sereins
Ce sentier de satin

Dernière Houle

Je marche et je crisse
Le silence m'entoure
Car, cette nuit, tour à tour
Froid et neige se tissent

        Les arbres ont bien vieilli
        Leurs bras se sont blanchis
        Et loin vers l'infini
        Une blancheur inouïe
        À terre c'est la bouillie !

Je marche et je glisse
Et tout redevient lisse
La vie coule et s'écoule
Coule, coule, coule,
C 'est la dernière Houle !

Mon Arbre

Chaque année la nature
Nous offre la naissance
De toutes ces verdures
Dans ses feuilles l'essence

    Et ses branches montant
    Vers le ciel bleuissant
    Les accueillent une à une
    En leur offrant chacune
    Leur espace liberté
    Pour les faire rêver

Elles voudraient gagner
Ce doux ciel étoilé
Mais elles meurent avant
À chaque fois songeant
Que toutes celles à naître
Un jour connaîtront
Ce ciel qui ne peut être
Qu'un bien doux édredon

    Je le sais, mon arbre,
    Tu gagneras un jour
    Ton mirage de toujours
    Et ce jour là, mon arbre,
    Je serai à ta cime
    Et tu m'emporteras
    Dans ton voyage intime
    Et tu me laisseras
    Dans toutes mes étoiles

Un Feu

Une jolie flambée
Dans cette cheminée
M'amène tant de pensées
Qui m'aident à décoller

        Les flammes s'envolant
        Vers les cieux ascendants
        Lèchent en souriant
        Tout ce bois flamboyant

Elles forment mille teintes
Ces couleurs troublantes
Qui nous offrent atteintes
Ces cimes émouvantes

        Ces doux crépitements
        Nous donnent ces moments
        À côté de ce temps
        À l'ombre de maintenant

Ces lames qui s'élèvent
Ont ce pouvoir de rêve
De peindre ces étoiles
Qui renaissent sans cesse
De ces si tendres toiles
Que l'on suspend dans notre MOI Tendresse

La Mer

C'est un si bel amour
Qui durera toujours
Quand cette mer si pure
A aimé la nature

        Lorsque ses douces lames
        Caressent les rochers
        On aperçoit son âme
        Et sa beauté nous charme

Elle nous offre son corps
Que des couleurs décorent
Elle nous grise de fraîcheur
Et nous donne du bonheur

        Elle recèle des richesses
        Qu'on goûte avec tendresse
        C'est une belle maîtresse
        Qui ressemble à l'ivresse

Lorsque le vent l'attise
Et lui crie son désir
Elle devient délire
Et son bonheur la grise

        Puis enfin elle s'apaise
        Et redevient douceur
        Elle nous prend notre coeur
        Et tous les mots se taisent

Nature

Nature, toi si pure
Tu nous grises de verdure
Avec toutes tes beautés
On ne peut que t'aimer
        Tu crées tant de parfums
        Qu'en découvrir certains
        Savoir les savourer
        Nous fait tout oublier

Chacun de tes visages
Transforme nos images
Nos pensées nous enchantent
Et nos sentiments chantent
        D'une promenade en forêt
        Ressurgit le passé
        On devient nostalgique
        En un mot romantique

De cascades en torrents
De ruisseaux en étangs
Tu nous évoques ainsi
Les étapes d'une vie
        Tes montagnes, tes vallées,
        On va s'y promener
        Quand on veut y goûter
        Toute notre liberté

Nature tu es bien celle
Que parfois on appelle
Quand on veut retrouver
L'être qu'on a été

À mon ami, le Goéland

Ton corps de blancheur
Et tes ailes grisonnantes
Tu choisis le Bonheur
Sur des roches éclatantes

        Tu chantes tes amours
        Aux vents des alentours
        Tu présentes tes atours
        À ta belle sans détour

Et tu choisis un nid
Pour protéger ta vie
Tes petits d'un été
Que tu quittes, aimés

        Tu repars aussitôt
        Vers un nouvel azur
        Et tu quittes très tôt
        Ce doux toit de nature

Je t'envie ta gaieté
Et toute ta Liberté
Car tu goûtes la tendresse
Avec toute ton ivresse

        Et tu repars sans cesse
        Vers de nouvelles richesses
        Et sans te retourner
        Vers tous tes passés

Tu savoures la vraie vie
Avec ses émotions
Car tu vis tes passions
Sans aucune Liaison

Tendre Compagnonnage

Deux être réunis
Pour continuer leur vie
Il faut avoir compris
Qu'il y a bien 2 vies

        Cet espoir insensé
        Un jour de se donner
        De remettre son destin
        À un amour sans fin

Il faut beaucoup souffrir
Pour arriver à dire
Qu'on se prête au partage
Mais sans aucun liage

        Être UN est un grand leurre
        Qu'on comprend à cette heure
        Il faut se retrouver
        Pour enfin se garder

À jamais respecter
Cet être récupéré
Et l'aimer tendrement
Être à soi seulement

Déliaison

Se savoir exister
Pouvoir enfin s'aimer
Dans le regard aimé
On s'est enfin trouvé

        On grandit doucement
        On apprend lentement
        À tout goûter vraiment
        Avec l'autre autrement

Mais un jour pourtant
Et l'on ne sait comment
Le regard s'efface
Il n'y a plus d'en face

        On se retrouve détruit
        Et l'on n'a rien compris
        On regarde la vie
        Tout est devenu Nuit

Je t'écoute ma vie

D'égratignures
En profondes blessures
Tu as trop lézardé
Tous mes murs de Soi
Et tu m'as bien blessée
Dans toute ma Foi

        J'avais cru te trouver
        Et je m'étais trompée
        Je l'ai compris enfin
        Au bout de ce chemin

Longtemps j'ai cru te voir
Dans ce joli miroir
Il était déformant
Un peu trop miroitant
Ce soir j'ai envie
De te connaître, ma Vie
Montre-moi ton visage
Donne-moi ton image

Trahison

La douceur d'une main
Que l'on étreint
La force d'un sourire
Qui nous enivre
La tendresse d'un amour
Qui nous lie pour toujours

        C'est la force d'aimer
        À jamais se donner
        Et vieillir côte à côte
        À notre vie on ôte
        La peur d'avancer

Et sans se retourner
À jamais dire "je t'aime"
Sera-ce toujours le même ?

        Quelle merveilleuse histoire
        Écrite en mémoire
        C'était celle de 2 Etres
        Qui, vraiment, croyaient être
        Le destin de l'un
        À eux 2 ne faire qu'1
        Mais la vie est passée
        Et a tout balayé

Déboires et trahisons
Nos amours, donc, ne sont
Que sentiments si peu profonds
Qu'on en touche le fond

Désabusée

De sentier en chemin
De routes en autoroutes
On vit main dans la main
Puis à chacun sa route

                C'est la vie qui attend
                Vite on n'a pas le temps
                On veut vivre trop vite
                Un Amour qui s'effrite

En Ville

Sous ces milliers de toits
Il y a des Toi et Moi
Il y a de la Tendresse
Parfois de la Détresse

        Et des rires d'enfants
        Que l'on entend souvent
        Ils jouent leur Avenir
        Dans ces beaux souvenirs
        Un beau coin de ciel bleu
        Qu'on entrevoit un peu
        D'une cour un peu sombre
        L'on se construit dans l'ombre

Parfois c'est l'amour fou
Où l'on découvre "Nous"
Papier peint défraîchi
Auquel on a souri

        Que de richesses immenses
        Sont enfouies en silence
        Dans ces mille maisons
        En toutes les saisons

Après la Pluie le Beau Temps

"Et s'il faisait toujours beau ?"
Disait un Optimiste
En le criant si haut
Qu'il tomba,
C'est bien triste,
En regardant en bas

        "Avouez que c'est sinistre"
        Disait le Pessimiste
        "Car j'insiste et j'insiste
        La lune sans le soleil
        Est quand même bien trop pâle
        À quand un joli hâle
        Et le soleil total ?
        Je n'le verrai jamais"

"Eh bien moi je ne veux
Ne penser qu'à ce hâle
Car la vie serait pâle"
Disait le malheureux
"Il faut garder l'espoir
Sans lui tout serait noir"

À mon Coeur

Mon coeur quand tu es né
Tu avais tes idées
Sur la vie dans ce monde
Et tu m'as faite profonde

        Tu as connu l'ivresse
        Parfois de la tendresse
        Tu as vécu l'amour
        Au hasard d'un détour
        D'un chemin de printemps
        Que suivent les amants

Tu étais né trop tendre
Des années à comprendre
Qu'il faut se protéger
De cette vie, t'armer,

        Dans mon corps tristesse
        Rencontre tes faiblesses
        Tu es très beau, mon Coeur,
        Et je t'aime, à mes heures,
        Sans limite de bonheur
        Ne change pas, mon Coeur

La _ _ _ _ _ _ _ _ _

Que serait-ce exister
Sans jamais te goûter
Que pourrait-on donner
Si ce n'est ta beauté ?

        De quelles grandes froideurs
        Nous serions entourés
        S'il n'y avait ta chaleur
        Pour nous réconforter

Tu habilles de douceur
Les moments de bonheur
Et tu choisis des mots
Tous les sons les plus beaux

        Tu as tant de pouvoir
        Quand tu veux émouvoir
        Qu'aux moments les plus noirs
        Tu apportes l'Espoir

De toi l'on se nourrit
Pour bâtir une vie
On ne peut t'oublier
On ne peut te quitter

        Tu te fais admirer
        Tu te fais désirer
        Tu te fais tant aimer
        Que, sans toi, exister
        On ne peut y songer !

Tu es bien sans conteste
Une grande Déesse
Avec un joli nom
C'est celui de TENDRESSE

Et comment s'appelle-t-il ?

Il naît d'une rencontre
D'un regard , d'un sourire
D'un visage tout contre
Son corps en devenir

        Il grandit , devient Roi
        Pour construire ces Mois
        Il est total, unique
        Il ne ment ni trahit
        Car il est l'Authentique
        Ça personne ne le nie

Tout au long d'une vie
On le sent si présent
À jamais ressenti
Avant et maintenant

        Il possède notre Coeur
        Et nous connaît par coeur
        Il sera toujours là
        Et ne changera pas

Même si la vie l'égare
Il suit de son regard
Et toujours la tendresse
De toutes ces caresses

        Mais comment s'appelle-t-il ?
        La perfection est-il ?

Il se nomme Amour
Celui qui dure toujours
C'est celui d'une mère
À jamais la Maman
Douce et parfois sévère
La Maman d'un Enfant

Une Mère

Qu'y a-t-il de plus beau
Au monde que ce mot
Il est fait de douceur
De tendresse, de bonheur

        Il est celui qui brille
        Quand tout en nous vacille
        Il est celui qui reste
        Quand débute la tristesse

C'est un joli présent
Que nous a fait la vie
De nous avoir permis
Un jour de dire Maman

        C'est pourquoi l'on te fête
        Car toujours dans nos têtes
        Chantera à l'enfant
        Ce doux parfum d'antan

L'Authenticité

Comme l'on pourrait donner
Et sans se protéger
Si l'on goûtait sans fin
Chaque jour ce parfum

        Il est fait de tendresse
        D'amours et de caresses
        Il orne chaque moment
        D'un doux enchantement

Partout il nous suivrait
Et nous enivrerait
Quand chacun donnerait
Tout ce qu'il a de vrai

        C'est un parfum si doux
        Que l'on découvre en nous
        Que vivre avec lui
        Nous éclaire une vie

On l'appelle l'Authentique
Ou l'Authenticité
On découvre sa beauté
Lorsque l'on est aimé

Un Enfant

Devant soi tant de temps
C'est une vie entière
Et trop tôt c'est "hier"
C'est un joli printemps
Qui, de la vie, attend
Qu'elle devienne l'été
Pour vraiment exister

        Et pourtant être enfant
        C'est pouvoir tout goûter
        Pouvoir tout savourer
        Avoir encore le temps
        De vivre à pleines dents

C'est parfois la souffrance
Qu'on reçoit sans défense
On la crie comme on peut
Car on n'est pas heureux

        C'est un bien long chemin
        Qui aboutit enfin
        Dans une jolie clairière
        Où tout devient plus clair

Quand on devient automne
Et que plus rien n'étonne
On aimerait souvent
Se retrouver Printemps
Pour cheminer doucement
Dans ce sentier d'Antan

Naissance

Une minute de magie
Un petit bout de vie
Tout à coup se blottit
Dans vos bras réunis

        Il se donne tout entier
        Dans toute sa pureté
        À ces visages tendus
        Doucement "reconnus"

Et votre coeur s'emplit
D'une émotion inouïe
Vos mains deviennent caresses
Vos yeux ne sont plus que Tendresse

        Créer tant de bonheur
        S'enivrer de douceur
        C'est un jour enfanter
        Un merveilleux bébé

Quel doux enchantement
De devenir Maman

L'Amitié

Je suis riche aujourd'hui
Car, du fond de ma nuit,
Des amis ont jailli
Et ne m'ont pas trahie

        Ils ont su être là
        À chacun de mes pas
        Ceux d'une nouvelle vie
        Où enfin je revis

Je découvre, étonnée,
Que l'on peut m'apprécier
Je me sentais si peu
J'avais pris trop de bleus

        Tisser et retisser
        Ces liens de l'Amitié
        À mes amis MERCI
        D'être tous dans ma vie

Liberté

Je t'aime ma liberté
À ton nom associées
Des odeurs océanes
De l'amour initial

>Jamais une limite
>À mes rêves insolites
>Je t'aime ma liberté
>Car tu m'aides à gagner
>Ma vie et mes envies
>Mes espoirs de survie

J'ai cru pouvoir te donner,
Un jour, à un Aimé
J'ai compris à présent
Ton mécontentement

>Je te garde toujours
>Avec moi chaque jour
>Je ne te donnerai plus
>Je te partagerai sans plus

Je te fais le serment
De te garder t'aimant
Toute ma vie durant
Ici et maintenant
De ne pas t'aliéner
Même pour me faire aimer

Rêveries solitaires

La mer immensité
Au loin la liberté
Ce doux bruit apaisant
Ce remous incessant

        Le ciel à l'horizon,
        Du soleil, ses rayons
        Qui plongent si tendrement
        Dans ce bel océan

Un bateau a mouillé
Dans ces vagues glacées
Il se découpe au loin
Dans ce ciel si lointain

        Posées par la nature
        Des îles de verdure,
        Illusions de mes rêves,
        Comme une immense grève
        Je m'y promène souvent
        Quand je fuis le présent

Mon Livre

Il faut tourner la page
Effacer les nuages
Et penser l'avenir
De ces jours à venir

> Combien de souvenirs
> Nous attendent encore
> Ils vont bientôt surgir
> Avec tous leurs accords

Il faut de nouveau habiter
Dans cette vie beauté
Ne plus jamais gâcher
Ces heures à regretter

> La vie qui nous attend
> Qui le sait à présent ?
> Il ne faut plus se dire
> Qu'on ne doit plus souffrir
> Ainsi c'est s'interdire de vivre

J'ai tant de joie au coeur
Quand je pense au bonheur
Qui m'attend pour en rire
J'ai tant dans dans mon Envivre

TABLE des MATIÈRES

Mots — 9	La Mer — 32
Une Île — 10	Nature — 33
Mes songes irisés — 11	À mon ami, le Goéland — 34
Vivre — 12	Tendre Compagnonnage — 35
Tendreté — 13	Déliaison — 36
Souvenirs — 14	Je t'écoute ma vie — 37
Atout Coeur — 16	Trahison — 38
On marche dans ma tête — 17	Désabusée — 39
La Petite Carriole — 18	En Ville — 40
La Chatonne — 19	Après la Pluie le Beau Temps — 41
Silence — 20	À mon Coeur — 42
Solitude — 21	La _ _ _ _ _ _ _ _ _ — 43
Apaisement — 22	Et comment s'appelle-t-il ? — 44
La Lumière retrouvée — 23	Une Mère — 45
Le Temps — 24	L'Authenticité — 46
Petite Mamie — 25	Un Enfant — 47
Adolescence — 26	Naissance — 48
Noces d'or — 28	L'Amitié — 49
Dernière Houle — 29	Liberté — 50
Mon Arbre — 30	Rêveries solitaires — 51
Un Feu — 31	Mon Livre — 52